Motivketten von klein bis groß

Ob nun der Frühling ins Haus steht oder der Weihnachtsmann vor der Tür, Sie noch ein Geburtstagsgeschenk benötigen oder Lust auf eine stilvolle Dekoration haben: In diesem Buch finden Sie für viele Gelegenheiten und Räume die passende Kette.

Die attraktiven Raumhänger aus Papier und Holz lassen sich schnell und problemlos arbeiten. Sie variieren von klein bis groß, hängen mal längs, mal quer, werden mit kariertem Schleifenband und Holzperlen kombiniert und lassen sich mit wenig Aufwand im ganzen Haus dekorieren. Ich habe die Motive bewusst einfach und zeitlos gehalten. Dennoch ist hier Ihre Phantasie gefragt. Durch individuell auf Ihren Wohnstil abgestimmte Farben oder die veränderte Kombination der einzelnen Motive können Sie tolle Effekte erzielen. Scheibengardinen können Sie jetzt getrost vergessen und die Langeweile an vielen Wänden hat ein Ende.

Viel Spaß wünscht Ihnen

Claudette Radtke

Die Motive lassen sich in folgende Schwierigkeitsgrade unterteilen:
○ ○ ○ einfach   ○ ○ ○ etwas schwieriger   ○ ○ ○ anspruchsvoll

MATERIALIEN

- Pappel-Sperrholz, 4 mm und 10 mm stark
- Tonkarton, Motivkarton
- matte Acryl- oder Bastelfarbe
- Wackelaugen
- Klebepunkte
- Perlen, ø 8 mm, ø 10 mm, ø 12 mm und ø 15 mm

- Tontöpfchen
- Schleifenband in verschiedenen Stärken und Motiven
- Holzhalbkugeln
- Holzplatinen (flache, gewölbte Holzscheiben)
- Baumwollfaden

Hinweis: Die angegebenen Motivlängen und Materialangaben beziehen sich auf die abgebildete Kette. Natürlich können Sie jede Kette in beliebiger Länge arbeiten. Beachten Sie, dass Sie dabei die Mengen- und Längenangaben an Ihren persönlichen Bedarf anpassen müssen.

IHRE GRUNDAUSSTATTUNG

Die folgenden Materialien und Hilfsmittel sollten Sie zur Hand haben. Sie werden in den Materiallisten nicht eigens aufgeführt.

- Schleifpapier in 80er bis 120er Körnung
- Pauspapier, Transparentpapier
- dünne Pappe
- Klebefilm
- Bleistift
- Lackstift in Silber
- Filzstift in Blau, Schwarz und Braun
- Heißklebepistole, Alleskleber
- Laub- oder Dekupiersäge

- Pinsel
- Rundholzstäbchen, ø 3 mm bis ø 10 mm
- Schaschlikstäbchen
- Vorstechnadel
- dicker Draht
- Bohrmaschine und Bohrer, ø 3 mm
- Nadel (zum Auffädeln der Motivteile)

So geht's

Holzarbeiten

Einen Bogen Pauspapier auf das Sperrholz legen und darüber mit Klebestreifen die entsprechende Vorlage fixieren. Mit einem Bleistift die Linien nachfahren. Anschließend alle Teile mit der Laub- oder Dekupiersäge aussägen und die Kanten mit Schleifpapier glätten. Die Löcher zum Aufhängen bohren.
Die Teile ggf. mit Acrylfarbe bemalen. Um Punkte aufzutupfen, ein Rundholzstäbchen in gewünschter Stärke in Farbe tauchen und senkrecht auf das Holz setzen. Für jeden Punkt das Stäbchen neu in die Farbe tauchen.

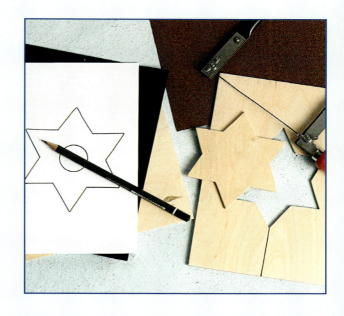

Papierarbeiten

Transparentpapier auf den Vorlagenbogen legen und mit einem Bleistift die Motivumrisse nachziehen. Das Transparentpapier auf dünne Pappe kleben und die Umrisse ausschneiden. Die fertige Schablone auf Motivkarton oder Tonkarton legen und mit Bleistift umfahren. Anschließend die Motivteile ausschneiden und mit der Vorstechnadel lochen.

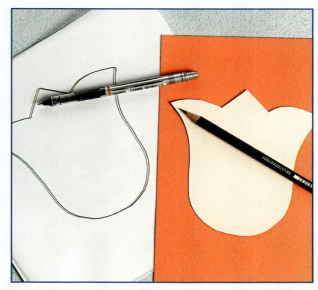

Blüten-Herzkette

→ frühlingsfrisch

MOTIVLÄNGE
ca. 80 cm

MATERIAL
- Tonkarton in Gelb und 2 Orangetönen
- Schleifenband in Orange-Weiß kariert und Gelb-Weiß kariert, 10 mm breit, je 4 x 20 cm lang
- Holzperlen in 4 x Zitronengelb, 4 x Sonnengelb und 3 x Orange, ø 15 mm
- Baumwollfaden in Gelb, ca. 3 m lang
- Filzstift in Orange
- 4 Halbkugeln aus Holz, ø 25 mm
- ggf. Motivlocher Herz, ø 3 cm

VORLAGEN-BOGEN 1A

1 Die Blüten und großen Herzen aus Tonkarton ausschneiden. Die kleinen Herzen ausstanzen oder ausschneiden und vorn und hinten auf die großen Herzen kleben. Mit der Vorstechnadel die Löcher zum Aufhängen einstechen.

2 Auf beide Blütenseiten eine Holzhalbkugel kleben. Die Blüten mit Filzstift akzentuieren.

3 Die Motive und die Perlen wie abgebildet auffädeln. Abschließend die Schleifen anbringen.

Tipp: Je nachdem wo Sie die Schleifen anbringen, können Sie die Höhe der Perlen variieren.

Hasenmädchen

→ im Topf

MOTIVLÄNGE
ca. 65 cm

MATERIAL
- Tonkarton in Braun, Weinrot und Rot-Weiß kariert
- Baumwollfaden in Altrosa, ca. 2 m lang
- Schleifenband in Weinrot-Weiß kariert, 10 mm breit, 2 x 20 cm lang
- ggf. Motivlocher Blume, ø 3,2 cm
- ggf. Motivlocher Schleife, ø 2,3 cm
- ggf. Motivlocher Kreis, ø 1,2 cm

VORLAGENBOGEN 1A

1 Den Topf, die Hasenpfoten und die Schleifchen je zweimal fertigen, ebenso die Blüten jeweils für Vorder- und Rückseite. Den Körper benötigt man nur einfach.

2 Den Hasen zwischen die beiden Topfteile kleben, die Pfoten, Schleifen und Blüten anbringen. Die Gesichter mit schwarzem Filzstift aufzeichnen, die Pfoten mit braunem Filzstift umrahmen. Die Löcher einstechen.

3 Den Faden durch die Löcher ziehen und die Enden verknoten. Zuletzt die Karoschleifen anknoten.

Querkette zu Ostern

→ Häschen und Eier von der Stange

MOTIV-LÄNGE
ca. 1 m

VORLAGEN-BOGEN 1A

MATERIAL
- Sperrholz, 4 mm stark, 30 cm x 25 cm
- Tonkarton in Rot-Weiß kariert, 14 cm x 19 cm
- Buchsbaumgirlande, pro Kranz ca. 1,5 m lang (Kranz, ø 6 cm)
- 4 Tontöpfchen, ø 35 mm
- 8 Holzperlen in Natur, ø 15 mm
- Bastelfarbe in Rot, Braun, Dunkelgrün und Weiß
- 4 Wackelaugen, ø 10 mm
- Satinband in Rot, 3 mm breit, ca. 2,5 m lang
- Schleifenband in Rot-Weiß kariert, 10 mm breit, ca. 1,5 m lang

1 Das Herz aus Tonkarton schneiden. Die Hasen, Eier und Blätter aussägen, durchbohren (nur zwei der vier Eier), abschleifen und bemalen. Trocknen lassen.

2 Dem Hasen die Wackelaugen aufkleben und die Akzente mit Lackstift in Silber aufmalen. Die Blattadern mit schwarzem Filzstift aufbringen. Die weißen Punkte mit einem Schaschlikstäbchen auf die Eier tupfen.

3 An die Buchsbaumkränze mit Heißkleber die Eier und darüber die Schleifen anbringen. Das Aufhängeband auf das Herz und darauf eine gebundene Schleife kleben.

4 Die übrigen Teile und die Holzperlen auffädeln und die Bandenden mit Heißkleber zusammenkleben. Zuletzt gemäß der Abbildung die Schleifen anbringen.

Blüten und Schmetterlinge

→ blau-weiß

MOTIVLÄNGE
ca. 80 cm

MATERIAL
- Tonkarton in Hellblau, Dunkelblau und Blau-Weiß kariert
- 16 Klebepunkte in Weiß, ø 8 mm
- Schleifenband in Blau-Weiß kariert, 10 mm breit, 3 x 20 cm lang
- Baumwollfaden in Blau, ca. 2 m lang
- ggf. Motivlocher Blume, ø 3,2 cm und ø 2,4 cm

VORLAGENBOGEN 1A

1 Die Grundteile einmal aus Tonkarton ausschneiden. Alle Teile, die aufgeklebt werden, doppelt arbeiten. Die Blüten können ausgeschnitten oder mit dem Motivlocher ausgestanzt werden.

2 Die Motive beidseitig zusammenkleben und mit der Vorstechnadel lochen.

3 Die Teile mit dem Faden auffädeln und mit Knoten sichern. Zum Schluss die Schleifen anbinden.

Tipp: Zur Stabilisierung der Kette empfiehlt es sich, am unteren Ende eine Holzperle anzubinden.

Kleine Autos

→ fürs Kinderzimmer

MOTIV-LÄNGE
ca. 54 cm

MATERIAL
- Tonkarton in Weiß, Gelb, Türkis, Apfelgrün, Orange und Hautfarbe
- Baumwollfaden in Weiß, ca. 1 m lang
- Holzperle in Weiß, ø 15 mm
- Schleifenband in Gelb-Weiß, Türkis-Weiß, Apfelgrün-Weiß und Orange-Weiß kariert, 10 mm breit, je 20 cm lang
- ggf. Motivlocher Blume, ø 2,4 cm
- ggf. Motivlocher Kreis, ø 1,2 cm

VORLAGEN-BOGEN 1A

1 Da der Faden später zwischen die Autos geklebt wird, alle Teile doppelt ausschneiden. Die Blumenräder können auch mit dem Motivlocher ausgestanzt werden.

2 Auf die Autos die Räder, die Fenster und die mit braunem Filzstift bemalten Köpfe aufkleben. Anschließend den Faden zwischen die Autos kleben.

3 Als Abschluss die Perle an den Faden knoten und die Schleifen zwischen den Autos anbringen.

Miniketten mit Blumen und Herzen

→ schnell, aber wirkungsvoll

MOTIVLÄNGE
65 cm bis 80 cm

MATERIAL PRO KETTE

- Motivkarton in Orange mit Blümchen, Apfelgrün-Weiß kariert oder Blau-Weiß gestreift (Rückseite jeweils einfarbig)
- Baumwollfaden in Blau, Orange oder Apfelgrün, ca. 1 m lang
- ggf. Holzperlen in Weiß, ø 8 mm oder ø 10 mm
- ggf. Schleifenband in Blau-Weiß kariert, 5 mm breit, pro Schleife ca. 20 cm lang
- Klebepunkte in Weiß, ø 8 mm
- Motivlocher Blume, ø 3,2 cm
- Motivlocher Herz, ø 3 cm

VORLAGEN-BOGEN 1A

1 Die Teile für jedes Motiv doppelt ausstanzen. Die Klebepunkte als Blütenmitten auf die Blüten setzen.

2 Blüten und Herzen doppelt auf den Baumwollfaden kleben. Nach Geschmack Holzperlen zwischen den Motiven aufziehen oder Schleifen anknoten.

3 Wenn die Ketten frei am Fenster oder im Raum hängen sollen, zur Stabilität eine große Perle als Abschluss unten anknoten.

Tipp: Diese kleinen Ketten machen sich außerordentlich hübsch als Geschenkbänder. Besorgen Sie sich einen Motivlocher und schönes Papier und im Handumdrehen können Sie jedes Geschenk liebevoll aufpeppen.

Blumen in Orange-Türkis

→ Flower-Power

MOTIVLÄNGE
ca. 80 cm

MATERIAL
- Motivkarton in Orange und Türkis mit Blümchen
- Tonkarton in Orange und Türkis
- Baumwollfaden in Orange, ca. 2 m lang
- Schleifenband in Türkis-Weiß kariert, 10 mm breit, 4 x 20 cm lang
- 4 Holzperlen in Orange, ø 15 mm

VORLAGEN-BOGEN 1A

1 Die Blumen jeweils einmal aus Tonkarton, die Blütenmitten je zweimal aus gemustertem Papier schneiden.

2 Die Blütenmitten beidseitig aufkleben und die Löcher vorstechen.

3 Zwischen die Blüten immer eine Perle fädeln. Abschließend die Schleifen anbinden.

Fische

→ fürs Badezimmer

1 Die Seesterne doppelt aus Tonkarton zuschneiden und mit Filzstift bemalen.

2 Die Fische einfach aus Sperrholz aussägen, die Löcher bohren und die Kanten abschleifen. Blau bemalen. Nach dem Trocknen beidseitig die Augen aufkleben und die Münder mit einem silbernen Lackstift aufmalen.

3 Die Fische und je eine Perle auf Karoband aufziehen. Die Seesterne beidseitig auf das Karoband kleben. Zuletzt wie abgebildet die Schleifen anbringen.

MOTIVLÄNGE
ca. 65 cm

MATERIAL
◆ Sperrholz, 4 mm stark, 35 cm x 15 cm
◆ Tonkarton in Blau-Weiß kariert
◆ Filzstift in Blau
◆ 12 Wackelaugen, ø 15 mm
◆ Bastelfarbe in drei verschiedenen Blautönen
◆ Schleifenband in drei verschiedenen Blau-Weißtönen kariert, 5 mm breit, jeweils ca. 1 m lang
◆ 3 Holzperlen in Weiß, ø 15 mm

VORLAGEN-BOGEN 1B

Querkette für die Küche

→ friesisch-frisch

1 Töpfe, Krüge und Löffel aussägen, abschleifen, bemalen und an den entsprechenden Stellen durchbohren. Für den Henkel im Krug ein Loch bohren, das Sägeblatt hindurchführen, wieder in die Säge einspannen und die Öffnung aussägen. Das große und die kleinen Herzen aus Karokarton ausschneiden oder ausstanzen. Die kleinen Herzen beidseitig auf die Kochtöpfe und Krüge kleben.

2 Die Kränze binden. Kränze, Krüge, Töpfe und Perlen auf dünnes Karoband fädeln. Die Bandenden zusammenkleben.

3 An die Kränze die Löffel oder Tontöpfchen hängen und alle Hänger mit Perlen und Schleifen versehen. Das Aufhängeband für das Herz ankleben und eine Schleife darauf setzen. Die beiden Perlen aufziehen und mit Klebstoff sichern.

MOTIV-LÄNGE
ca. 1 m

VORLAGEN-BOGEN 1B

MATERIAL
- Sperrholz, 4 mm stark, 30 cm x 40 cm
- Tonkarton in Blau-Weiß kariert, 20 cm x 19 cm
- ggf. Motivlocher Herz, ø 4 cm
- Buchsbaumgirlande, pro Kranz 1,5 m lang (Kranz, ø 6 cm)
- 4 Tontöpfchen, ø 35 mm
- 15 Holzperlen in Hellblau, ø 12 mm
- Bastelfarbe in Dunkelblau
- Schleifenband in Blau-Weiß kariert, 5 mm breit, ca. 3,5 m lang
- Schleifenband in Blau-Weiß kariert, 10 mm breit, ca. 0,5 m lang

Blumen und Herzen

→ farbenfroh

MOTIVLÄNGE
ca. 70 cm

MATERIAL
- Sperrholz, 4 mm stark, ca. 60 cm x 80 cm
- je 2 Holzplatinen (gewölbte Holzscheiben), ø 40 mm und ø 50 mm
- Bastelfarbe in Gelb, Orange und Apfelgrün
- Satinband in Orange, 3 mm breit, ca. 4 m lang
- je 3 Holzperlen in Gelb, Orange und Grün, ø 15 mm

VORLAGENBOGEN 1B

1 Die Motivteile aussägen und die Löcher bohren. Die Ränder abschleifen und die Einzelteile bemalen. Die Punkte mit Rundholzstäbchen (ø 3 mm und ø 10 mm) auftupfen.

2 Die bemalten Holzplatinen mit Heiß- oder Alleskleber als Blütenmitten aufkleben.

3 Die einzelnen Teile und die Holzperlen auffädeln. Zwischen den Motiven kleine Schleifen anbringen. In die unterste Blüte ein Stück Schleifenband einziehen und Perlen anknoten.

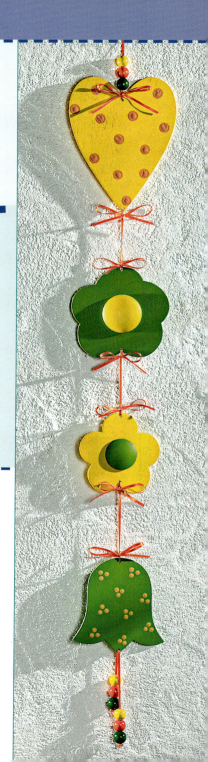

Blumen und Herzen

→ natürlich-schlicht

MOTIVLÄNGE
ca. 1,5 m

MATERIAL
- Sperrholz, 4 mm stark, ca. 60 cm x 80 cm
- Bastelfarbe in Dunkelgrün
- Schleifenband in Grün-Weiß kariert, 5 mm breit, ca. 4 m lang
- Holzperlen in 18 x Natur und 9 x Dunkelgrün, ø 15 mm

VORLAGENBOGEN 1B

1 Die Einzelteile aussägen und die Löcher bohren. In die Blumen einen Kreis sägen. Dafür mit dem Bohrer ein Loch bohren, das Sägeblatt hindurchführen, wieder in die Säge einspannen und den kreisrunden Ausschnitt aussägen. Die Ränder abschleifen.

2 Die Teile bemalen, die Punkte mit einem Rundholzstäbchen (ø 3 mm) auftupfen.

3 Beim Verbinden der einzelnen Teile Perlen dazwischenfädeln. Die Schleifen anbringen. In die unterste Blüte ein Stück Schleifenband einziehen und mit Perlen versehen.

Tipp: Diese Kette ist nur eine Farbvariante der Kette auf Seite 16. Schon mit der Verwendung anderer Farben und eines anderen Bandes können Sie eine völlig andere Wirkung erzielen.

Sommerliche Querkette

→ lassen Sie die Sonne rein

1 Blüten und Falter aus Sperrholz aussägen und die entsprechenden Löcher bohren. Abschleifen und bemalen. Nach dem Trocknen auf den Schmetterlingen beidseitig die Klebepunkte anbringen und einen feinen Bleistiftstrich ziehen, um den Schmetterlingskörper optisch abzutrennen.

2 Die Herzen aus Tonkarton fertigen, zusammenkleben und mit der Vorstechnadel ein Loch bohren.

3 Die Kränze aus der Buchsbaumgirlande binden. Die Einzelteile auffädeln, dabei die Bandenden mit Alleskleber zusammenkleben. Zuletzt Perlen und Schleifen anbringen.

MOTIV-LÄNGE
ca. 1 m

VORLAGEN-BOGEN 2A

MATERIAL
- Sperrholz, 4 mm stark, 25 cm x 30 cm
- Tonkarton in Gelb-Weiß kariert, 14 cm x 19 cm, und Gelb
- Buchsbaumgirlande, pro Kranz 1,5 m lang (Kranz ø 6 cm)
- Tontöpfchen, 4 x ø 35 mm und 1 x ø 50 mm
- Holzkugeln in 4 x Natur, 10 x Weiß und 4 x Gelb, ø 15 mm
- Bastelfarbe in Gelb
- je 8 Klebepunkte in Weiß, ø 12 mm und ø 20 mm
- Baumwollfaden in Weiß
- Satinband in Gelb, 3 mm breit, ca. 2 m lang
- Schleifenband in Gelb-Weiß kariert, 5 mm breit, ca. 2 m lang
- Schleifenband in Gelb-Weiß kariert, 10 mm breit, ca. 1 m lang

Glockenblumen oder Tulpen

→ mit Punkten

MOTIVLÄNGE
ca. 60 cm

MATERIAL PRO KETTE
- Sperrholz, 10 mm stark, 35 cm x 50 cm
- Bastelfarbe in Altrosa oder Bordeaux und Weiß
- Satinband in Weiß, 3 mm breit, ca. 2 m lang

VORLAGENBOGEN 2A

1 Die Blüten aussägen, durchbohren, abschleifen und in der gewünschten Farbe bemalen. Nach dem Trocknen mit einem Rundholzstäbchen (ø 3 mm) beidseitig die Punkte auftragen. Dabei jede Seite gut trocknen lassen.

2 Die einzelnen Blüten mit dem Satinband verbinden und mit Schleifen verzieren.

Tipp: Wie Sie sehen, können Sie die Blumen frühlingshaft als Tulpen oder sommerlich als Glockenblumen aufhängen.

Seehunde

→ verspielt

1 Die Seehunde aussägen, die Löcher bohren, die Ränder abschleifen und das Motiv grau bemalen. Die Punkte aus Karton jeweils doppelt zuschneiden oder die Holzhalbkugeln farbig bemalen.

2 Nach dem Trocknen die Klebepunkte als Augen aufkleben. Den Lichtpunkt mit dem Lackstift aufsetzen.

3 Die Seehunde mit dem Baumwollfaden verbinden. Die Holzhalbkugeln oder die Papierbälle doppelt auf den Faden kleben. Zuletzt die farblich passenden Schleifen an den Flossen anbringen.

MOTIVLÄNGE
ca. 45 cm lang

MATERIAL PRO KETTE
- Sperrholz, 4 mm stark
- Bastelfarbe in Grau sowie ggf. Gelb, Orange und Rot
- 6 Klebepunkte in Weiß, ø 12 mm
- 6 Klebepunkte in Schwarz, ø 8 mm
- Baumwollfaden in Weiß, 50 cm lang
- 6 Holzhalbkugeln, ø 25 mm, oder Tonkarton in Hellblau, Apfelgrün und Dunkelblau
- Schleifenband in Gelb, Rot und Orange, 5 mm breit, je 20 cm lang, oder Schleifenband in Schwarz-Weiß kariert, 5 mm breit, 3 x 20 cm lang
- feiner Lackstift in Weiß

VORLAGEN-BOGEN 1B

Raben und Sonnenblumen

→ herbstlich

MOTIVLÄNGE
ca. 110 cm

MATERIAL
- Sperrholz, 4 mm stark, 40 cm x 30 cm
- Tonkarton in Gelb-Weiß kariert
- 4 Wackelaugen, ø 15 mm
- Schleifenband in Grün-Weiß kariert, 10 mm breit, 5 x 20 cm lang
- Baumwollfaden in Dunkelgrün, ca. 3 m lang
- Bastelfarbe in Schwarz, Gelb, Braun und Dunkelgrün

VORLAGEN-BOGEN 2A

1 Blätter, Raben und Blütenmitten der Sonnenblume aussägen. In die Blätter und Raben die Löcher bohren und die Ränder der Holzteile mit Schleifpapier bearbeiten. Alle Teile wie abgebildet bemalen. Die Blattadern mit Filzstift aufzeichnen.

2 Aus dem Karokarton die Blumen ausschneiden und mit einer Nadel die Löcher vorstechen.

3 Die Blütenmitten auf den Tonkarton kleben. Die Wackelaugen beidseitig auf die Raben kleben.

4 Alle Teile im gleichmäßigen Abstand auffädeln und mit den Karoschleifen verzieren.

Drachen

→ ganz einfach

MOTIVLÄNGE
ca. 90 cm

MATERIAL
- Sperrholz, 4 mm stark, 35 cm x 25 cm
- Holzkugeln in 6 x Gelb und 3 x Rot, ø 15 mm
- 12 Wackelaugen, ø 20 mm
- Bastelfarbe in Gelb
- Satinband in Rot, 3 mm breit, ca. 2 m lang
- Organzaband in Rot, 10 mm breit, ca. 2,5 m lang

VORLAGENBOGEN 2A

1 Die Drachen aus dem Sperrholz aussägen und die Löcher bohren. Die Ränder abschleifen und die Drachen gelb anmalen.

2 Nach dem Trocknen den Mund mit feinem Filzstift aufzeichnen und die Augen aufkleben.

3 Die Einzelteile mit dem Satinband verbinden, anschließend die Organzaschleifen umbinden und die Perlen auffädeln.

Herbstkette
→ in Kürbisorange

1 Das Herz aus Tonkarton ausschneiden.

2 Blüten und Kürbisse aussägen, durchbohren und die Ränder abschleifen. Die Teile orange bemalen und den Kürbissen nach dem Trocknen mit braunem Filzstift das Gesicht aufmalen.

3 Die Holzkugeln am unteren Ende der Blüten mit dem Baumwollfaden anknoten. Die Buchsbaumkränze winden. Alle Teile wie abgebildet auf Karoband auffädeln und mit den Schleifen verzieren. Auf das Herz das Band von vorn und hinten aufkleben und die extra gebundene Schleife anschließend aufsetzen.

**MOTIV-
LÄNGE**
ca. 1 m

**VORLAGEN-
BOGEN 2B**

MATERIAL
- Sperrholz, 4 mm stark, 25 cm x 25 cm
- Tonkarton in Orange-Weiß kariert, 14 cm x 19 cm
- Buchsbaumgirlande, pro Kranz ca. 1,5 m lang (Kranz, ø 6 cm)
- 4 Tontöpfchen, ø 35 mm
- Holzperlen in 2 x Orange und 10 x Natur, ø 15 mm
- Bastelfarbe in Orange
- Baumwollfaden in Orange
- Schleifenband in Orange-Weiß kariert, 5 mm breit, ca. 4 m lang
- Schleifenband in Orange-Weiß kariert, 10 mm breit, 1,5 m lang

25

Miniketten mit Herzen und Sternen

→ nicht nur zu Weihnachten

MOTIVLÄNGE
ca. 1 m

MATERIAL PRO KETTE
◆ Motivkarton in Rot und Grün mit Sternen, Dunkelgrün und Apfelgrün mit Herzen oder Gelb, Rosa und Apfelgrün mit Punkten (Rückseite jeweils einfarbig)
◆ Baumwollfaden in Weiß, ca. 1,5 m lang
◆ ggf. Holzperlen in Weiß, ø 10 mm
◆ ggf. Schleifenband in Rot-Grün kariert, 5 mm breit, ca. 3,5 m lang
◆ Motivlocher Herz, ø 4 cm
◆ Motivlocher Stern, ø 4 cm

VORLAGEN-BOGEN 1B

1 Die Motivteile doppelt ausstanzen.

2 Von beiden Seiten auf den Baumwollfaden kleben und mit Perlen oder Schleifen verzieren. Dabei folgendermaßen vorgehen: Sollen Perlen aufgefädelt werden, immer den Faden zwischen zwei Teile kleben, Perlen auffädeln, wieder den Faden zwischen zwei Teile kleben, usw. Die Schleifen dagegen werden erst, nachdem alle Teile aufgeklebt sind, dazwischen gebunden.

3 Eine Perle, am Fadenende angeknotet, stabilisiert die Kette, falls sie frei aufgehängt werden soll.

Tipp: Mit diesen Ketten können Sie den Weihnachtsbaum, Ihr Adventsgesteck oder die Weihnachtspäckchen schmücken.

Querkette zu Weihnachten
→ oh Tannenbaum

1 Das Herz aus Tonkarton ausschneiden und mit der Vorstechnadel ein Loch bohren. Die Sternchenaufkleber anbringen.

2 Tannen und Sterne aussägen, durchbohren und nach dem Abschleifen der Ränder wie abgebildet bemalen. Nach dem Trocknen die Punkte mit einem Rundholzstäbchen (ø 3 mm) auftupfen.

3 Die Kränze aus der Buchsbaumgirlande winden. Alle Teile wie abgebildet auffädeln, dabei die Bandenden zusammenkleben. Zuletzt noch einige Schleifen anbringen.

**MOTIV-
LÄNGE**
ca. 1 m

**VORLAGEN-
BOGEN 2B**

MATERIAL
- Sperrholz, 4 mm stark, 35 cm x 30 cm
- Tonkarton in Grün-Weiß kariert, 14 cm x 19 cm
- Sternchenaufkleber in Gold, ø 22 mm
- Buchsbaumgirlande, pro Kranz ca. 1,5 m lang (Kranz, ø 6 cm)
- 4 Tontöpfchen, ø 35 mm
- 4 Holzperlen in Natur, ø 15 mm
- Bastelfarbe in Gold, Dunkelbraun und Dunkelgrün
- Satinband in Gold, 3 mm breit, ca. 4 m lang

Wintertrio

→ die drei aus dem Winterwald

1 Alle Teile aus Tonkarton ausschneiden und zusammenkleben. Die Gesichter aufmalen, die Karottennase wird mit Bleistiftstrichen akzentuiert, die Elch- und die Weihnachtsmannwangen mit Buntstift gerötet.

2 Das Karoband ein kleines Stück durch den Ring ziehen und verkleben. Die Motivteile auf das Band kleben.

3 Kleine Schleifen auf die Tannen kleben.

MOTIVLÄNGE
ca. 60 cm

MATERIAL
- Tonkarton in Weiß, Dunkelrot, Hautfarbe, Orange, Hellbraun, Beige, Schwarz und Grün
- Kunststoffring in Weiß, ø 30 mm
- Buntstift in Rosa
- Schleifenband in Bordeaux-Weiß kariert, 15 mm breit, ca. 1,5 m lang

VORLAGEN-BOGEN 2B

Querkette mit Lebkuchensternen

→ für die Weihnachtsbäckerei

1 Die Sterne aussägen. Ein Loch in die Kreislinie bohren, das Sägeblatt hindurchführen, wieder einspannen und den kreisrunden Ausschnitt aussägen. Die Ränder mit Schleifpapier bearbeiten.

2 Alle Teile braun bemalen, nach dem Trocknen die Mandeln und Punkte mit einem feinen Pinsel aufbringen.

3 Die Sterne zusammenbinden und zuletzt mit Schleifen verschönern.

MOTIVLÄNGE
ca. 1 m

MATERIAL
- Sperrholz, 4 mm stark, 20 cm x 30 cm
- Bastelfarbe in Dunkelbraun, Hellbraun und Natur
- Schleifenband in Braun-Weiß kariert, 5 mm breit, ca. 3 m lang

VORLAGENBOGEN 2B

Tipps und Tricks

▶ Alle Motive aus Holz können Sie auch als Einzelaufhänger nehmen. Vergrößern oder verkleinern Sie einfach die Motive nach Belieben und hängen Sie sie einzeln oder in einer Gruppe angeordnet auf.

▶ Die Buchsbaumkränze können Sie schon fertig kaufen oder selber binden. Dazu legen Sie ein Stück Girlande in gewünschter Länge in der Mitte zum Kranz und wickeln die überstehenden Enden immer wieder um den Kranz. Ist der Kranz zu dünn geworden, können Sie ihn verstärken, indem Sie ihn mit einzelnen Stücken umwinden. So lassen sich einfach Kränze in verschiedenen Größen und Stärken herstellen.

▶ Um breites Schleifenband durch die engen Löcher in den Holzperlen zu bekommen, nehmen Sie ein dickes Stück Draht, legen das Band auf das Loch und schieben es mithilfe des Drahtes durch die Bohrung.

▶ Die Schleifen werden meistens aus Bändern mit einer Länge von 20 cm gebunden. Achten Sie beim Binden um den Aufhängefaden darauf, dass sie die Schleife nicht zu stramm ziehen, sonst hängt sie nach vorn.

▶ Sie verbrauchen weniger Band, wenn Sie es vorher nicht zerstückeln, sondern erst eine Schleife binden und diese dann von der Gesamtlänge abschneiden.

▶ Die Querketten habe ich auf Rundholzstäbe, ø 12 mm, gefädelt, die ich in der passenden Farbe angemalt habe.

DIESES BUCH ENTHÄLT 2 VORLAGENBOGEN

IMPRESSUM

FOTOS: frechverlag GmbH, 70499 Stuttgart; Fotostudio Ullrich & Co., Renningen
DRUCK: frechdruck GmbH, 70499 Stuttgart

Materialangaben und Arbeitshinweise in diesem Buch wurden von der Autorin und den Mitarbeitern des Verlags sorgfältig geprüft. Eine Garantie wird jedoch nicht übernommen. Autorin und Verlag können für eventuell auftretende Fehler oder Schäden nicht haftbar gemacht werden. Das Werk und die darin gezeigten Modelle sind urheberrechtlich geschützt. Die Vervielfältigung und Verbreitung ist, außer für private, nicht kommerzielle Zwecke, untersagt und wird zivil- und strafrechtlich verfolgt. Dies gilt insbesondere für eine Verbreitung des Werkes durch Fotokopien, Film, Funk und Fernsehen, elektronische Medien und Internet sowie für eine gewerbliche Nutzung der gezeigten Modelle. Bei Verwendung im Unterricht und in Kursen ist auf dieses Buch hinzuweisen.

Auflage: 5. 4. 3. 2.
Jahr: 2008 2007 2006 2005   [Letzte Zahlen maßgebend]

© 2004 frechverlag GmbH, 70499 Stuttgart

ISBN 3-7724-3244-1
Best.-Nr. 3244